SP
741.
Sak

nos

**DATE**

# ALGO MÁS QUE AMISTAD, ALGO MENOS QUE AMOR

## YUMI SAKUGAWA

SAPRiSTi

Título original: *I Think I'm in Friend-Love With You*

© Yumi Sakugawa, 2014
Todos los derechos reservados.

Primera edición: noviembre de 2016

© de la traducción: Olga Camps
© de esta edición: Roca Editorial de libros, S. L.
Av. Marquès de l'argentera 17, pral.
08003 Barcelona
info@sapristicomic.com
www.sapristicomic.com

Dirección editorial: Octavio Botana
Maquetación y rotulación: Ángel Solé

ISBN: 978-84-945568-4-5

Impreso por Egedsa
Depósito legal: B-20043-2016
Código IBIC: FX
Código del producto: RS56845

TENGO QUE
CONFESARTE ALGO.

LO QUE SIENTO POR TI ES ALGO MÁS QUE AMISTAD Y ALGO MENOS QUE AMOR.

NO QUIERO QUE
TENGAMOS UNA CITA
NI EMPEZAR A SALIR
JUNTOS EN PLAN
SERIO.

SERÍA SUPERRARO.

ES SOLO QUE
ME MUERO DE GANAS
DE QUE ME VEAS

COMO ALGUIEN
SUPERGUAY

PORQUE PARA MÍ
TÚ ERES ULTRAGUAY

Y QUIERO PASAR
TODO EL TIEMPO QUE
PUEDA CONTIGO.

CHATEAR POR
FACEBOOK
A MEDIANOCHE.

QUE ME MANDES
UN MENSAJE
PARA SALIR.

COMO COLEGAS,
CLARO.

RESPONDERNOS
TODOS LOS TUITS

¡VOTA PRESIDENTE MIAU!

Expandir

yo @ MEvilGen1US
@YOUnicornPowerr
¿PERO QUÉ DICES?
Expandir

TÚ @YOUnicornPowerr
@MEvilGen1US
¡MOLA MIL!
Expandir

yo @MEvilGen1US

Y REBLOGUEARNOS
LOS POSTS DE
TUMBLR AL SEGUNDO

YO ⇄ TÚ

PORQUE TODO LO
QUE PARA TI ES
CHULO, DIVERTIDO
Y HORROROSO EN
ESTE MUNDO

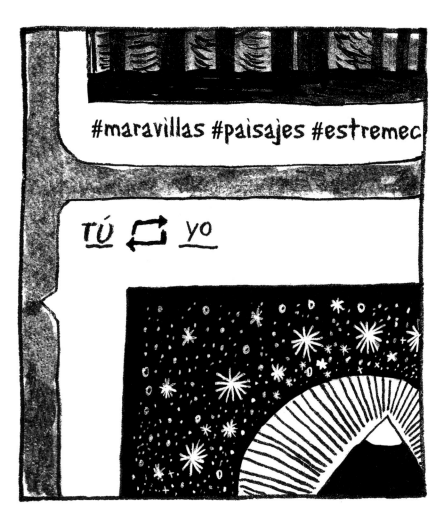

ES LO QUE YO
ENCUENTRO
CHULO, DIVERTIDO
Y HORROROSO EN
ESTE MUNDO.

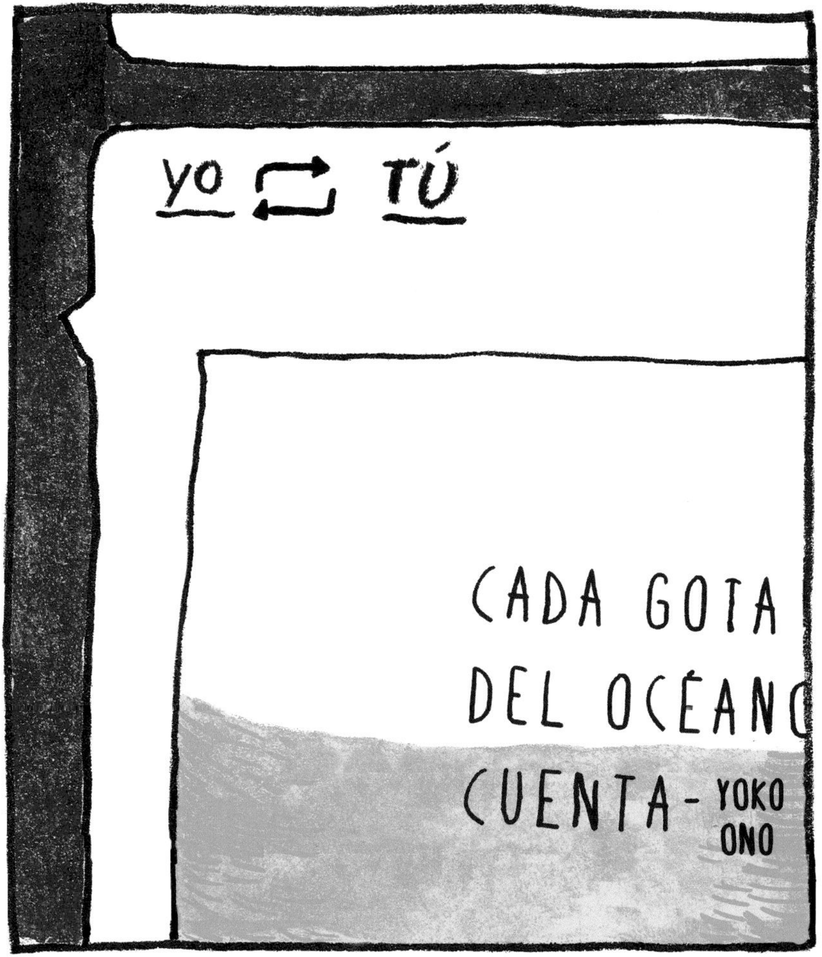
YO ⇄ TÚ
CADA GOTA DEL OCÉANO CUENTA - YOKO ONO

CUANDO QUEDAMOS,
NO ME APETECE
INTERCAMBIAR
SALIVA.

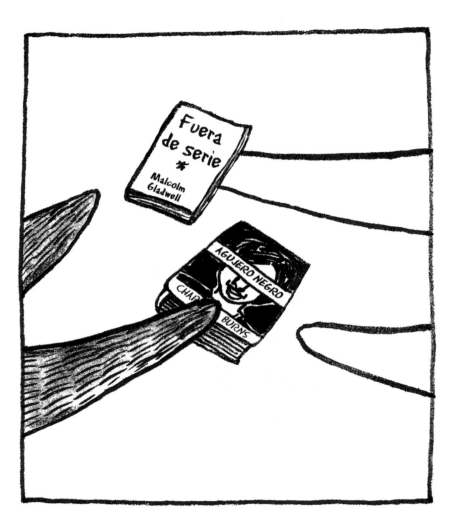

PREFIERO
INTERCAMBIAR
NUESTROS LIBROS
FAVORITOS.

ME GUSTA QUE
NUESTROS ABRAZOS
DE HOLA Y ADIÓS
DUREN UN POQUITO
MÁS QUE LOS
ABRAZOS DE COLEGA

PERO NUNCA
TANTO COMO PARA
QUE PAREZCA ALGO
ROMÁNTICO.

QUIERO QUE NOS
SENTEMOS EN EL
MISMO SOFÁ Y VER
NUESTRA PELÍCULA
FAVORITA JUNTOS.

Y REPETIR AL
UNÍSONO NUESTRAS
FRASES PREFERIDAS

PERO NUNCA VOY A INTENTAR APOYAR MI CABEZA EN TU HOMBRO O COGERTE LA MANO.

SERÍA SUPERRARO.

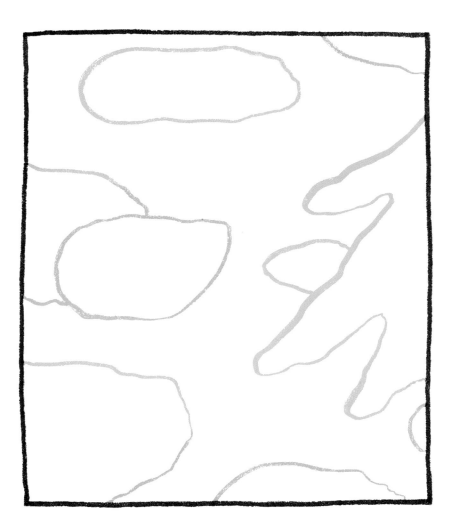

ASÍ QUE, POR FAVOR,
ANTES DE QUE ME
ARREPIENTA DE
LO QUE TE ESTOY
CONFESANDO,

¿ME DAS UN TOQUE
EN FACEBOOK?

/o

es
s feed
ensajes
ventos
otas
s amigos

aciones

## ⚡ Toques

Me has dado un toque.

⚡ Devolver el toque

¿PROMETES CONTINUAR ENVIÁNDOME ESOS LINKS TAN LOCOS?

# ing boing

Features

Podcasts

Videos

submit a link

Archives

About Us

shop

Search

## one-eyed Frog disco

¿PODEMOS CONTINUAR CHATEANDO SOBRE LA SERIE QUE ESTAMOS VIENDO A LA VEZ?

¿PODEMOS IR JUNTOS A ESE FOOD TRUCK QUE TE MOLA TANTO?

PROMETO REÍRME DE
TODAS LAS BROMAS
QUE HAGAS (INCLUSO
LAS MALAS)

Y PROMETO
ENCONTRAR LAS
CAFETERÍAS MÁS
COOL DONDE
TENER NUESTRAS
CONVERSACIONES
INFINITAS.

TE VAS A PARTIR
CON LOS SELFIES
CUANDO LOS
RETOQUE CON
PHOTOSHOP,

Y ESOS MEMES
DE GATETES CON
LOS QUE NOS
REÍMOS TANTO

ESTARÁN CADA AÑO
EN LAS TARJETAS
DE FELICITACIÓN
QUE TE MANDARÉ.

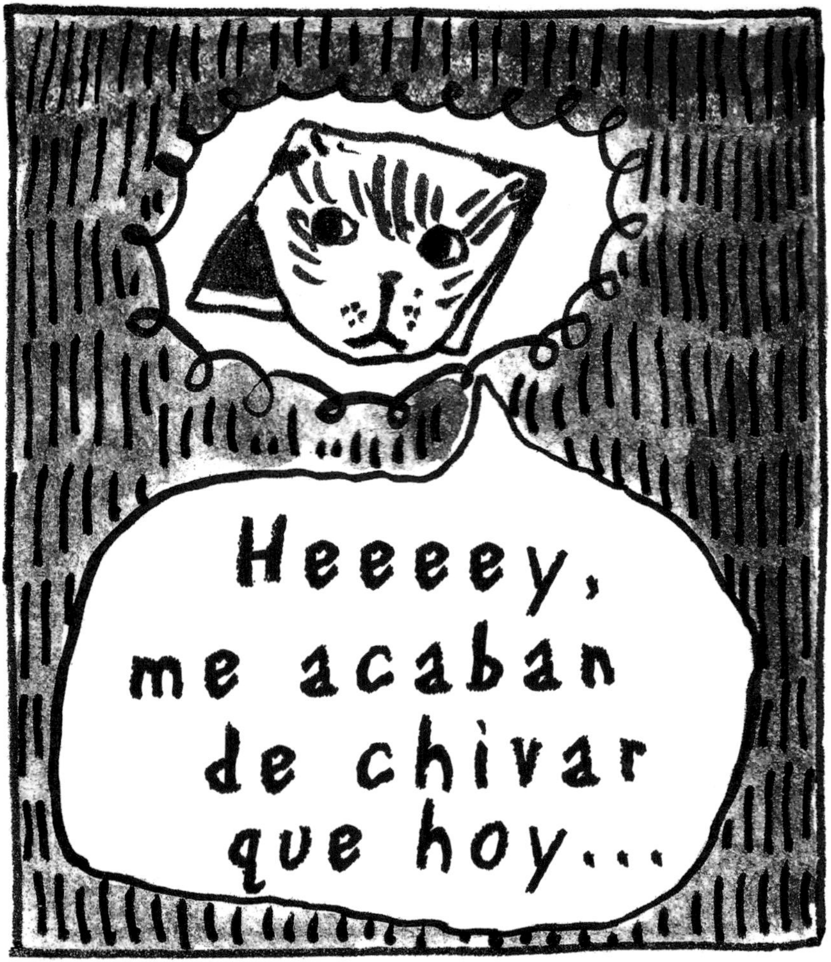
Heeeey, me acaban de chivar que hoy...

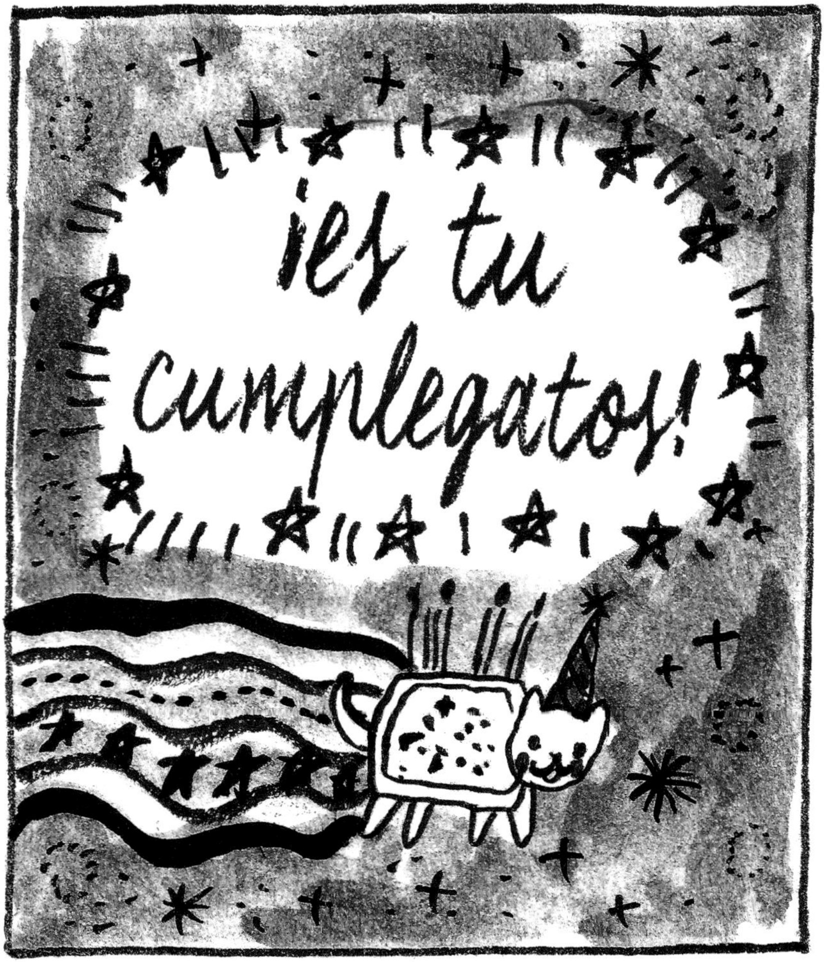
¡es tu cumplegatos!

TE LO CREAS O NO,
NO ME IMPORTARÍA
SI YA ESTUVIERAS
SALIENDO CON
ALGUIEN.

DE HECHO, ME
HARÍA MUY FELIZ
QUE FUERA ASÍ

PORQUE PARA
ESO ESTÁN
LOS AMIGOS.

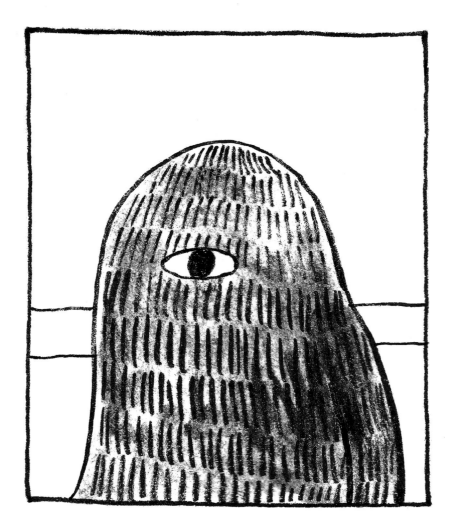

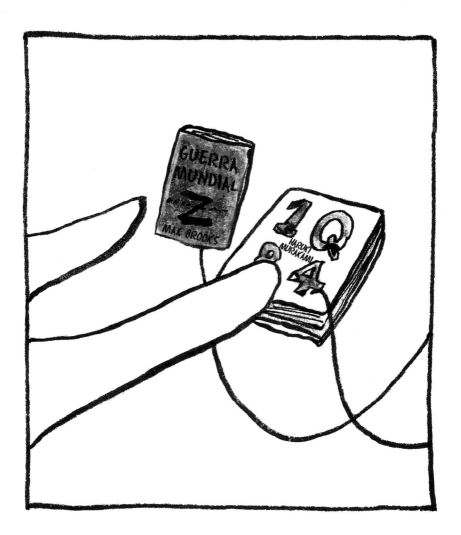

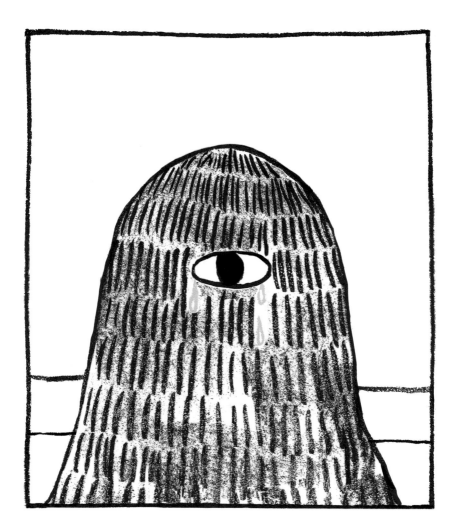

PERO SI TU CUOTA DE
AMISTADES ÚNICAS Y
SUPERESPECIALES YA
ESTUVIERA COMPLETA

ENTONCES SE
ME ROMPERÍA
EL CORAZÓN EN
MIL PEDAZOS.

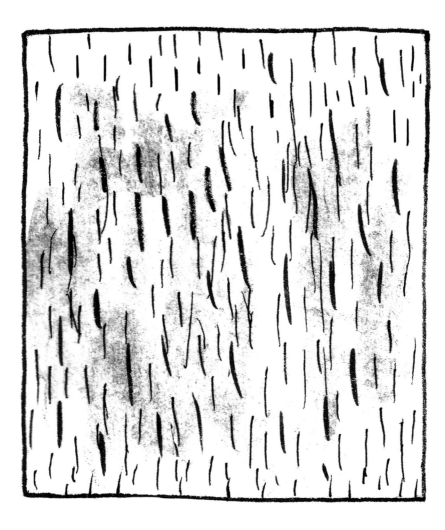

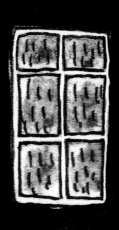

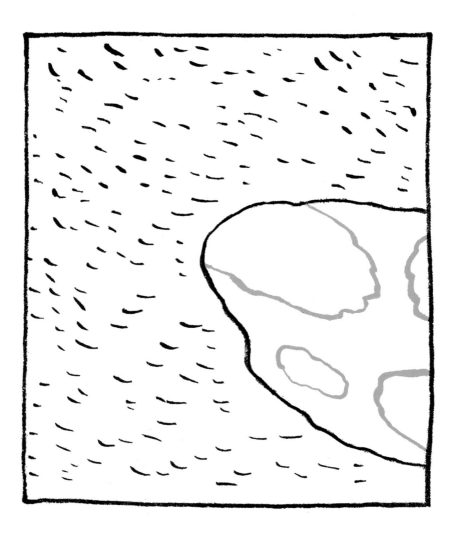

QUIZÁ TÚ NO
SIENTES POR MÍ

LO MISMO QUE YO
SIENTO POR TI.

DESPUÉS DE TODO,
SI ALGO TENEMOS ES
TIEMPO DE SOBRA

PARA TENER

MILLONES DE AMIGOS.

BUENO, EN FIN.

GRACIAS POR LEER ESTO.

ESPERO QUE
ESTÉS BIEN.

# AGRADECIMIENTOS:

Gracias a todos los que habéis hecho posible este libro.

A los incontables lectores de todo fi mundo que lo han leído y compartido cuando se colgó inicialmente *on line*.
A Jesse Sposato, por ser el primero en alojarlo *on line* en *Sadie Magazine*.
A mi agente Laurie Abkemeier, por todo su valioso apoyo en esta primera aventura.
A mi editor Brendan O´Neill y al resto del equipo de Adams Media, por todo su increíble trabajo.

Para todos mis algo-más-que-amigos.

Para el tío Reg, por ser mi mayor fan.

A mamá y papá por apoyar todos mis sueños artísticos desde la infancia hasta ahora.

A mi compañero David por ser el mejor algo-más-que-amigo y mucho-más-que-amor que podía haber imaginado.

Y finalmente, no puedo olvidar a todos mis algo-más-que-amigos del pasado que realmente han sido la inspiración original para este libro.
Allí donde estéis, espero que estéis bien.

# Sobre la autora:

Yumi Sakugawa (1984) es una ilustradora californiana graduada en Bellas Artes por la UCLA, cuyo trabajo ha sido publicado en medios como Buzzfeed, The Rumpus, WonderHowTo.com y Lifehacker, entre otros. Sus historias cortas, muy seguidas en Tumblr, han sido premiadas en 2012 y 2013 por Best American Comics Anthology Editors.

Visita: www.yumisakugawa.com